LES ORGUES DE L'ABBAYE DE LA TRÈS SAINTE TRINITÉ DE VENDOME

PAR

JULES BROSSET
Organiste de la Cathédrale de Blois.

VENDOME
IMPRIMERIE FRÉDÉRIC EMPAYTAZ
27, Rue Poterie, 27

—

1898

LES ORGUES DE L'ABBAYE

DE LA

TRÈS SAINTE TRINITÉ DE VENDOME

Extrait du Bulletin de la Société Archéologique, Scientifique et Littéraire du Vendomois.

(3e trimestre 1898.)

LES

ORGUES DE L'ABBAYE

DE LA

TRÈS SAINTE TRINITÉ DE VENDOME

PAR

JULES BROSSET

Organiste de la Cathédrale de Blois.

VENDOME

IMPRIMERIE FRÉDÉRIC EMPAYTAZ

27, Rue Poterie, 27

—

1898

LES

ORGUES DE L'ABBAYE

DE LA

TRÈS SAINTE TRINITÉ DE VENDOME

Il doit paraître incontestable que la très illustre abbaye de la Trinité de Vendôme, si riche, si puissante à l'époque de sa splendeur, dût posséder, par le grand nombre de religieux qu'elle renfermait, un *chœur organisé de musique* et un *orgue,* pour accompagner les chants monastiques. Nous avons la preuve que des chœurs similaires existaient dans les abbayes bénédictines de St-Benoît-sur-Loire, au diocèse d'Orléans et de St-Laumer de Blois.

Les documents que j'ai recueillis sont bien peu nombreux et, par là même, bien incomplets ; tels je les ai trouvés, tels je les présente à la studieuse *Société archéologique de Vendôme,* qui recueille *con amore* les moindres traces du glorieux passé de *sa vieille abbaye.* J'éprouve une très vive satisfaction à apporter ma pierre — bien petite, mais enfin! — à l'édifice de ces vénérables souvenirs : édifice pourtant fort compact mais, par la force des choses, toujours incomplet...

Le premier document concernant l'orgue est du 10 juillet 1595; il est extrait d'un bail à ferme de la Mense abbatiale, consenti par le R. P. Michel Sublet à Claude Gault.

« Claude Gault..... sera tenu de fournir et bailler aux « religieux de la dicte abbaye, jusques au nombre de « trente religieux, si tant y en a, NON COMPRINS L'ORGA- « NISTE, maistre et précepteur des novices..... tout le « pain, vin, pitance et aultres choses que le dict sieur « cardinal est tenu de fournir et que luy ou ses fermiers « ont accoustumé bailler et fournir aux jours et mois « qui sont DEUBS..... » (Arch. départementales de Loir-et-Cher, grosse de 34 feuillets sur parchemin).

Ce bail a été « faict et passé en la maison où pend « l'enseigne du *Plat d'Estain*, ès-forsbours de la porte « chartraine de ceste ville de Vendosme, en présence « de..... maistre *Claude Raoullet, organiste de la dicte « abbaie*, le lundy 18e jour de juillet de l'an 1595, « après midy ».

Il est donc prouvé que, antérieurement à l'année 1595, l'église de la Trinité possédait un orgue, placé dans la chapelle de droite du transept.

Claude Roullet (ou Raoullet) était encore en fonctions l'an 1604, car il figure sur les registres de baptême de la paroisse de St-Martin de Vendôme, en qualité de parrain et ce, à la date du 22 octobre 1604.

Les anciens bénédictins s'étant fusionnés avec la congrégation de St-Maur, un concordat fut passé entre les parties le 30 septembre 1621, duquel nous extrayons ce passage relatif à l'entretien de l'orgue :

« Il est convenu..... que les *orgues* et les orloges « seront entretenues comme il a été faict de tout « tems..... » (1).

Le 10 juin 1637, Alexandre Fournier, organiste de la Trinité, fut parrain en l'église St-Martin de Vendôme (Regist. de baptême de St-Martin).

En l'année 1638, le dit Alexandre Fournier, organiste de l'abbaye, passa comme tel un acte avec les chapelains et prieurs de la chapelle N.-D. de la Trinité.

En 1641 « l'on renouvelat, en ceste année, les orgues « et y ajoutàt *un* des jeux ». Ces deux pièces sont relatées dans la *Chronique de la Trinité,* de 1521 à 1669, écrite par un religieux du monastère.

L'abbaye de la Trinité possédait une relique très vénérée dans la contrée, la *Sainte-Larme* du Christ. Une fête se célébrait solennellement le vendredi d'avant le dimanche de la Passion.

J'extrais du *Directoire de l'Organiste* la rubrique suivante concernant le service de l'orgue, ce jour-là : « *On touche l'orgue, seulement à la Grand'Messe qui se* « *dit après le sermon. La fête est du 1er ordre et il n'y* « *a point de* GLORIA IN EXCELSIS.

« *Si cètte cérémonie tombe le jour de l'Annonciation* « *de la Ste Vierge,* POUR LORS *on chante la messe de la*

(1) Source : Minute originale en l'étude de Me Ragot, notaire à Paris, 11, rue Louis-le-Grand (Arch. nationales, Vs 1229, fo 245 à 249).

« *Sainte Vierge, après Prime et Tierce en 2e ordre et* « *celle de la Sainte Larme à l'heure ordinaire* ».

En 1719, les Bénédictins voulant ajouter un lustre plus grand à cette fête, composèrent le *Cantique* ou *Complainte de la Ste-Larme* et le firent imprimer à Vendôme; cette poésie populaire comporte 20 couplets adaptés à un air larmoyant, bien en rapport avec le sujet. M. l'abbé Métais l'a publié dans son opuscule « *Les Processions de la Ste-Larme à Vendôme* » et voici ce qu'il en dit, page 27 :

« Nous avions les paroles du cantique, mais ce que « nous désirions le plus c'était la musique. Nous étions « curieux de connaître cet air populaire chanté par les « bons Vendomois et, sans doute, en vogue parmi eux. « Nos recherches étaient vaines et nous allions déses- « pérer quand nous vint d'Orléans une bonne nouvelle. « M. Alexandre Lemoine, maître de chapelle de la « cathédrale d'Orléans (1), mais qui, auparavant, était « professeur de musique au Lycée de Vendôme, avait « trouvé, dans un lot de vieilles paperasses, un chiffon « de papier de musique contenant un *air* s'adaptant « parfaitement aux paroles de notre cantique. Il y avait « d'autant moins à douter que la musique portait aussi le « titre de « *Cantique à la Sainte-Larme* ». Nous transcrivons ici la musique retrouvée :

(1) M. Lemoine fut maître de chapelle à Orléans de 1866 à 1890 ; il mourut à Vendôme le 3 février de l'année 1895.

CANTIQUE DE LA SAINTE LARME

DE VENDOME

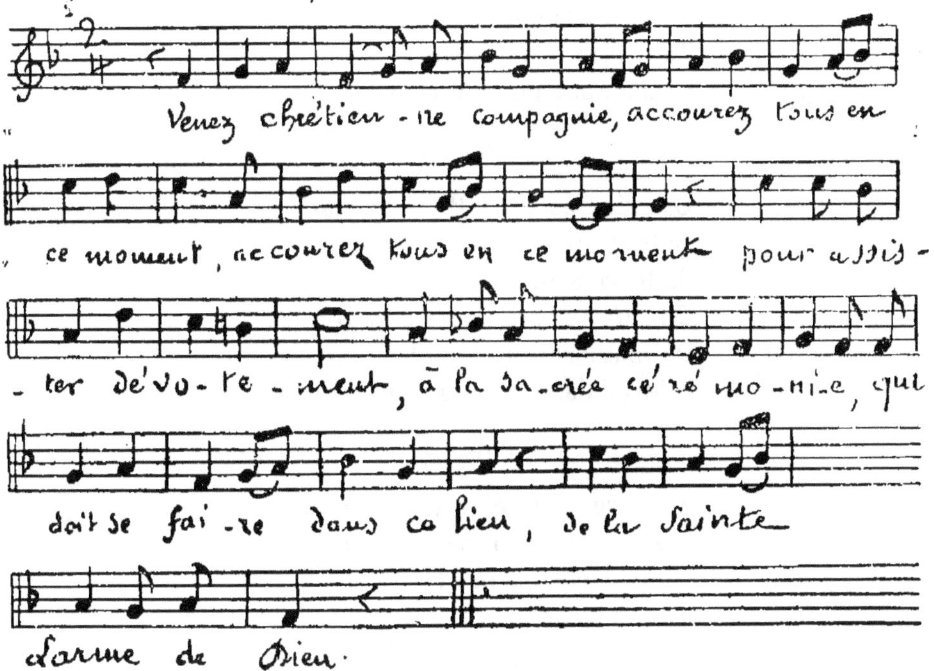

2

L'histoire en est très véritable,
Nous en avons des monuments
Et des miracles surprenants
Qui la rendent recommandable,
De sorte que de tous pays
Les pélerins abordent icy.

3

Louis de Bourbon, comte de Vendôme,
Etant prisonnier des Anglais,
Se voyant réduit aux abois
Pour retourner dans son royaume,
A la Sainte Larme fit vœu
Et il fut délivré dans peu.

4

C'est pourquoi par reconnaissance
Le jour du Lazar sans manquer
Il ordonna d'un prisonnier
Tous les ans qu'on fit la délivrance,
Tant il avait de pieté
Et d'amour pour la charité.

5

La reine estant à Blois malade
Et toute preste d'accoucher
Se fit la Sainte-Larme apporter
Qui luy fut granment secourable ;
De manière que tous les ans
Elle y faisoit de beaux présens.

6

Aux aveugles, elle donne la vüe
Les exemples en sont très-fréquents.
Il n'y a pas encore longtemps
Que la même chose s'est vüe.
Et l'on scait qu'à la Ville-au-Clair
Il y a vingt jours une femme vit clair.

7

Aussi, grand malheur à quiconque,
De sa vertu, ose douter.
Apprenons à la respecter
Comme on le doit dans tout le monde,
Car c'est la Larme du Seigneur
Et c'est sa véritable Pleur.

8

Ce fut bien seurement un ange
Qui luy-mesme la ramassa
Lorsque Jésus Christ pleura
Du saint Lazar la mort étrange :
A la Madeleine il la donna
Qui dans une phiole l'enferma.

9

A Constantinople portée
On la gardoit avec honneur
Cette relique du Seigneur
Qui sanctifiait cette contrée,
Lorsque les impies Sarrazins
Vinrent faire la guerre aux Chrétiens.

10

Geoffroy Martel, ce dévôt Prince,
A leur ayde veint aussi-tôt.
Secondé du secours d'en haut,
Il délivra cette province.
Et eut sujet d'être content
Car il reçut un beau présent.

11

Ce présent fut la Larme sainte
Que l'empereur Paphlagonien
Remit en ses pieuses mains
D'une sincérité sans feinte,
Craignant que ce précieux bien
Ne fut volé par les Payens.

12

Martel estant comte de Vendôme
En cette ville il l'apporta.
Une abbaye il y fonda.
Puis après, renonçant au monde
Il se mit moine en ce couvent
Pour garder ce dépôt charmant.

13

Devant cette pieuse Larme
Nous venons élever nos voix.
Monseigneur l'Evêque de Blois
Touché de nos justes alarmes
Accorde la permission
De faire une procession.

14

Aussi la ville s'est assemblée
Pour l'en prier très humblement.
Les Bénédictins mesmement
A nos désirs l'ont accordée.
Pour la grâce du Ciel attiré
Pendant trois jours ils ont jeûné.

15

Bon Dieu, que de magnificence,
Les banières avec les croix
Et les clochettes et les haubois
Dans un fort bel ordre s'avance,
Les Cordeliers, les Capucins
Et des curez plus de six-vingt.

16

Les Bénédictins en prières
Marchent tous fort dévotement.
Ils sont revêtus d'ornement
Tous d'une beauté singulière.
Après vient le dévôt Prieur
Portant ce bijou sur son cœur.

17

Il est suivi de la justice ;
Le peuple aussi y va en rang
Chacun à haute voix chantant
Pour nous rendre le Ciel propice.
Et pour plus grande seureté
Tous les bourgeois y sont armé.

18

Cependant une sonnerie
La plus belle de l'Univers
Fait retentir dedans les airs
Un carillon en symphonie.
Enfin, à vos Larmes, Seigneur
On rend toute sorte d'honneur.

19

En révérant la Sainte Larme
Adorons Jésus-Christ, pleurant
D'un cœur contrit et pénitent
Qu'un chacun de nous le réclame ;
Si nous le prions tout de bon
Nous aurons sa protection.

20

Grand Dieu soyez-nous favorable
Vous voyez nos besoins pressants
Répandez sur nos tristes champs
Cette pluye si désirable
Et que votre Larme, Seigneur,
Nous préserve de tout malheur.

Amen.

Imprimé à Vendôme, avec permission, **1719.**

En 1750, le sieur Moulineuf fut agréé comme organiste du monastère et conserva cette fonction jusqu'à la suppression des ordres religieux, en 1791 ; il remplit donc cette charge pendant 41 ans.

Pour son usage, on dressa, à l'abbaye, un *Directoire* qui nous a été conservé et qui est déposé aujourd'hui à Bibliothèque communale de la ville de Blois. Ce manuscrit porte la date de 1753 avec ce titre : « *Directoire pour* « *l'organiste de l'Abbaye de la Très-Sainte-Trinité de* « *Vendôme, 1753* ». Nous y relevons certaines particularités relatives à la célébration des fêtes de l'abbaye.

Ainsi le 1er Janvier, fête de la *Circoncision de N.-Seigneur J.-C.*, il est dit que « *l'organiste est dans* « *l'usage de donner les étrennes au Révérend Père Prieur*

« *en touchant les sorties des première et deuxième* « *Vespres* ».

Le 20 Janvier, fête de *St-Fabien et St-Sébastien,* « *les paroissiens de St-Martin viennent icy en pro-* « *cession, après la Grand'Messe; on est dans l'usage de* « *toucher l'orgue, pour l'entrée et la sortie, pourvû* « *qu'on aye obtenu la permission du R. P. Prieur; les* « *paroissiens de St-Martin doivent donner vingt sols à* « *l'organiste et dix sols au souffleur* ».

Le 15 Août, fête de l'*Assomption de la Ste-Vierge,* après Vêpres, et le « *Benedicamus Dño* » chanté, on fait la procession pour le vœu du roi *Louis XIII.* — Lorsqu'on est arrivé à la chapelle des Trois Roys, on chante *Sub tuum* et, après l'oraison, les chantres entonnent *Inviolata* que l'orgue continue de toucher alternativement. Après l'oraison, les chantres disent l'antienne *Tua est potentia,* après laquelle l'orgue touche le psaume *Exaudiat,* du 1er ton, à l'alternative. Il y a sept versets de préludes pour l'orgue et, après l'oraison, on touche la *sortie.*

Le jour de la *Tous Saints,* après les 2e Vêpres chantées, il y a le Nota suivant : Il faut toucher l'orgue après le *Benedicamus Dño,* jusqu'à ce qu'on fasse signe, du chœur, afin de donner le temps à l'officiant de prendre les ornements noirs pour les Vêpres des Morts, mais, si l'office des morts est transféré au lundi, *pour lors,* on touche comme à l'ordinaire après le *Benedicamus* et ensuite l'organiste joue la sortie. On ne joue point l'orgue à complies, à cause de l'office des morts.

Le 13 Novembre se célébrait *La Fête de tous les Saints Moines de l'ordre de St-Benoit.*

Nota : Au *Deo Gratias* l'orgue joue un peu plus longtemps que d'habitude, à cause des Vêpres des Morts qu'on chante ensuite.

Le 22 Novembre, *Ste-Cécile,* vierge et patronne des musiciens.

Nota : Si, à cause des musiciens qui font la fête de leur patronne, on veut toucher l'orgue, il faut chanter la *Messe du 8e ton,* l'hymne du 1er ton avec 3 versets et le *Magnificat* du 8e ton.

Fêtes mobiles. — 1° On ne touche pas l'orgue les dimanches de la Septuagésime et Sexagésime.

Le dimanche de la Quinquagésime et les deux jours suivants, il y a l'oraison des *Quarante-Heures.* Pendant la procession, les chantres entonnent *Pange lingua* et l'orgue alterne par des versets.

L'organiste doit faire en sorte que cet hymne dure jusqu'à l'entrée du cloître de notre abbaye.

La solennité de la Sainte Larme — fête de l'Abbaye — *qui est le vendredi d'avant le dimanche de la Passion.* On touche l'orgue seulement à la Grand'Messe, qui se dit après le sermon.

Nota qu'on ne touche pas l'orgue les deux dimanches suivants qui sont ceux de la Passion et des Rameaux.

Le *Jeudi saint* la Grand'Messe est du 1er ordre ; on touche l'orgue aux *Kyrie* et *Gloria* seulement.

Le *Samedi saint* on commence à toucher l'orgue au *Gloria in excelsis,* en même temps que toutes les cloches de l'abbaye se mettent à sonner.

Le Dimanche Saint Jour de Pasques. Pour la sortie de la procession on touche l'antienne *Regina Cœli* alternativement avec le chœur.

Les versets joués par l'organiste doivent être un peu longs afin que l'antienne dure jusqu'à ce qu'on soit arrivé à l'autel des *Trois Rois*, dans la chapelle de ce nom.

Au retour, dans le cloître, on chante le répons *Christus resurgens*. L'orgue touche, alterné avec le chœur, la séquence ou prose de Pâques : *Victimæ Paschali laudes*.

Le *Deuxième Dimanche après Pasques*. Messieurs les Chanoines du château viennent à l'abbaye de la Ste-Trinité, en procession avec leurs reliques, après la Grand'Messe qui se dit plus tôt qu'à l'ordinaire..... On joue l'*Entrée* après laquelle ils chantent une antienne ; ensuite ils entonnent la prose *Victimæ* que l'orgue continue alternativement et après l'oraison, l'organiste joue la sortie.

Le *jour de la Pentecoste,* pendant les Vêpres et après le *Benedicamus,* il faut que l'organiste joue jusqu'au signal qu'on lui fera, afin de donner le temps au célébrant et aux officiers d'aller au maître-autel pour descendre la châsse de St-Eutrope ; après que les chantres ont entonné l'antienne *O Eutropi,* l'orgue continue, alternant avec le chœur.

Le *lundy et mardy de Pentecoste :* NOTA que le lundy de Pentecoste la procession de St-Lubin vient icy, sur les onze heures, après avoir obtenu la permission de laisser toucher l'orgue. On donne vingt sols pour l'organiste et dix sols au souffleur.....

La *veille de la fête de la S. S. Trinité,* FÊTE PATRONALE DE NOTRE ABBAYE,.... on chante les Matines, ce soir, à 6 heures.....

Le *Dimanche de la S. S. Trinité;* l'orgue joue l'*Entrée,*

qui devra être plus longue et plus solennelle qu'à l'ordinaire.

Après le *Graduel* on chante la séquence : *Profitentes,* qui se chante sur l'air de la prose : *Lauda Sion,* avec alternance par l'orgue et le chœur.

La *Fête-Dieu.* Aujourd'huy, sur les onze heures, la procession du château vient dans cette Eglise de la Ste-Trinité. L'organiste joue l'entrée du cortège, jusqu'à ce qu'on lui fasse signe. Sitôt l'Entrée, on chante un *Motet,* après lequel il faut que l'organiste prélude un instant..... ou bien, on chante l'*O Salutaris* et l'organiste touche l'autre verset, s'il le juge à propos.... après l'oraison, il touche la *sortie.*

Il en est ainsi tous les soirs, pendant l'octave ; on touche l'orgue selon l'ordre accoutumé, c'est-à-dire qu'après les *Litanies* les chantres entonnent *Pange lingua* que l'orgue continue avec le chœur et au dernier verset, on y joint le *Domine salvum fac Regem.* Après l'oraison, on touche les *jeux doux* pendant la bénédiction et ensuite l'organiste attaque la *sortie* sur les grands jeux de l'orgue.

Le *Dimanche dans l'octave de la Fête-Dieu et l'octave de la S. S. Trinité* (Fête de 2e ordre).

Après la Grand'Messe, la procession de St-Martin vient à l'église de notre abbaye. Il faut toucher l'*Entrée* et après on chante *Ave Verum,* enfin, après l'oraison, on joue la *sortie.*

Nota que si la paroisse St-Martin ne vient point icy, on fait la procession avant la Grand'Messe et l'on donne la *Bénédiction* pendant laquelle l'orgue fait entendre un *jeu doux* et ensuite joue une brillante *sortie.*

La *Fête des S. S. Reliques* (3e dimanche après la Pentecôte).

On fait la procession des S. S. Reliques avant la Grand'Messe.

Après l'aspersion, les chantres entonnent *Veni Creator* et l'orgue joue jusqu'à ce que la procession soit hors de l'Eglise.

Après Vespres, on remonte la châsse de St-Eutrope en chantant l'antienne *O Eutropi* et on ne joue pas de *sortie.*

Les *Dimanches des Avents,* on ne touche pas l'orgue ces dimanches, excepté le 3e dimanche; ce jour-là on le touche, *seulement* à la Grand'Messe.

CHAPITRE VIII

Quelques rubriques et usages, concernant l'Organiste

. . . .

3o Tous les samedis de l'année, excepté la veille de Pâques, l'organiste touche, après Vespres, l'antienne *Inviolata.*

4o Tous les ans, le R. P. Visiteur fait sa visite. Le jour de l'ouverture de la visite, il fait un discours au Chapitre, après lequel on va au chœur..... le chantre ayant entonné le *Tantum Ergo*, l'orgue continue le même verset sur le chant de *Pange lingua.* Pendant la bénédiction, l'organiste touche un *jeu doux* jusqu'à la fin.

. . . .

7o Lorsqu'on doit recevoir Mgr l'Evèque ou Mr l'abbé ou lorsqu'il y a un jubilé ou quelque procession générale, ou prières de quarante heures pour quelque nécessité publique, l'organiste consultera l'ordonnance du R. P. Prieur ou le mandement de Mgr l'Evêque, s'il y en a.

Nous trouvons dans le *Cartulaire de l'abbaye cardinale de la Trinité,* publié par M. l'abbé Charles Métais, secrétaire-archiviste de l'Evêché de Chartres, auquel nous devons certains renseignements intéressant notre étude, dans le *tome troisième,* pages 449 et 450, à l'article des *Charges perpétuelles* (Article 2e), l'indication suivante : *Le monastère paye annuellement pour les décimes, tant dans la mense conventuelle qu'offices claustraux*....... à l'organiste et son souffleur,

cy. . . . . 324 livres.

Ceci est classé à la date de 1757.

La Révolution surgit; les communautés religieuses sont supprimées. La municipalité de Vendôme fait dresser un inventaire des biens de la communauté; cet inventaire eut lieu chez *Messieurs les Bénédictins de Vendôme* le 28 avril 1790; nous en extrayons le passage suivant qui nous intéresse :

« Dans le chœur se trouve un grand aigle [de lutrin] « en cuivre. Dans le bras [du chœur] du côté droit, est « un *buffet d'orgues* en très mauvais état, ledit orgue de « *Douze pieds* avec son positif et montre d'étain ». L'apposition des scellés sur le mobilier de l'Eglise eut lieu le 9 décembre 1790. « Nous, membres du directoire « du district de Vendôme..... avons fait apposer le sceau « de la municipalité sur la porte de l'orgue ». (*Cartulaire,* « *abbé Métais*).

Le 29 mars 1791, *M. Molineuf* (le nom a été estropié, car d'autre part il est appelé *Moulineuf*), organiste de la Trinité depuis 1750, demande une pension en raison de ses 41 années de service. Le Directoire du District lui accorde une pension de 300 livres, à la charge par lui de continuer à toucher l'orgue, soit dans l'église de la dite abbaye, si elle est érigée en paroisse, soit dans toute autre église paroissiale de la ville de Vendôme. (Arch. départ., l. 50, p. 573).

Le 24 février 1791, Bouzy, chantre gagé de l'Eglise de Vendôme, fait aussi une demande d'indemnité (l. 108, p. 301) (Délibérations du Directoire, Arrêtés du Département).

M. Moulineuf avait laissé en gage, entre les mains des religieux bénédictins, une certaine somme et il demande, dans l'acte ci-dessous, qu'on veuille bien le rembourser (3 août 1791).

Délibérations du Directoire
Arrêtés du Département

D'un mémoire présenté par le sieur Molineuf, organiste à Vendôme, qui demande le payement d'une somme de *1.800 Livres* par lui laissées en dépôt entre les mains des ci-devant Religieux Bénédictins de Vendôme, pour six années de ses appointements échus en 1787 et *300 Livres*, pour l'année de ses appointements échus en 1790.

Vû le mémoire ci-dessus et l'avis du District O. L. R. et L. P. G. S. il a été arrêté que la créance de l'exposant est légitime, qu'en conséquence il lui sera délivré un mandat de 900 Livres pour moitié de sa créance et que, pour obtenir le payement du surplus, il sera tenu de se pourvoir au Commissaire du Roi, chargé de la liquidation des créances sur l'Etat.

Il a été en outre arrêté qu'il sera payé au dit sieur Molineuf, la somme de *Trois cents livres* pour ses honoraires d'organiste échus en 1790, le tout à prendre sur la Caisse du District de Vendôme.

Cette décision a été portée sur le registre de liquidation n° 30.

(Archives départementales, l. 111, p. 74).

Je trouve ensuite une délibération écrite du Conseil de fabrique constitutionnel, datée du 5 avril 1792, constatant que l'orgue de la Trinité a besoin d'une réparation, mais qu'elle doit être supportée par la fabrique et non par l'administration du District ; voici l'extrait de la dite délibération :

. . . .

4° Le transport des trois cloches de la cÿ-devant paroisse St-Martin dans le clocher de la Trinité.

. . . .

7° Les réparations du jeu d'orgues, ainsi que le tout est porté au procès-verbal dressé par les membres du Directoire à MM. les officiers municipaux de Vendôme ;

Vu ledit procès-verbal en date du 5 août 1791 et le rapport des sieurs Moulineuf (organiste) et Hérold, musicien (1), qui constate que le jeu d'orgues est susceptible d'être réparé.

Le Directoire est d'avis que le jeu d'orgues mérite d'être réparé et que la vaste étendue de l'Eglise de la Trinité le rend nécessaire pour soulager les chantres,

(1) Hérold était professeur de musique au Collège de Vendôme.

mais que les *coûts* de cette réparation doivent être supportés par la fabrique (Délibérations du District de Vendôme, l. 99, n° 728, Arch. départ.).

Il paraît que le buffet de cet orgue était admiré pour la beauté et le fini de sa menuiserie ; il est probable qu'il avait dû être mis en harmonie, au point de vue des sculptures, avec les belles stalles du chœur qui ont été conservées et qui font encore aujourd'hui les délices des connaisseurs. M. de Passac, dans son ouvrage « *Vendôme et le Vendômois* », 1823, constate qu'avant la Révolution la Trinité possédait un beau jeu d'orgues, détruit et pillé par les Vandales de ce temps néfaste.

La réparation qu'on projetait ne fut pas faite, faute de fonds ; l'administration décida la vente du buffet d'orgue et de son matériel et le 25 Floréal, An III de la République (14 mai 1795), il fut procédé, dans la Salle des Ventes, à l'adjudication sus-mentionnée.

Nous avons entre les mains l'*affiche* qui avait été posée à Vendôme afin de porter cet avis aux habitants ; nous la transcrivons fidèlement à titre documentaire :

VENTE DE L'ORGUE

existant dans la ci-devant Eglise de la Trinité de Vendôme

On fait savoir que, le vingt cinq floréal de l'an 3 de la République Française, une et indivisible, en exécution de l'arrêté du Comité des Finances de la Convention Nationale, du 4 Ventôse dernier, il sera procédé par devant les administrateurs du Directoire du District de Vendôme, en la Salle ordinaire des Ventes, à l'adjudication du Buffet d'**Orgue** existant dans la ci-devant Eglise de la Trinité de Vendôme, consistant en soufflerie et porte-vents en bois, tuyaux du positif en étain, et le plomb qui les accompagne ; le Jeu d'échô, la montre du grand orgue ; vingt-deux tuyaux d'étain de cinq pieds chacun ; deux autres tuyaux de chacun neuf pieds ; deux trompettes, un clairon et un cromorne, fond du grand orgue et grand cornet ; les porte-vents du grand cornet et des montres, enfin la carcasse du dit orgue et la tribune sur laquelle il est construit.

Le dit orgue estimé la somme de Trois mille cent quatre-vingt-cinq Livres, ci. . . . . 3.185 Livres

Au-sur-plus, les citoyens qui désireront avoir une connaissance plus précise des objets qui composent cet instrument, pourront prendre communication au Bureau des Domaines nationaux du District, du procès-verbal d'estimation rédigé par les experts, portant consistance des différentes parties de l'orgue et l'évaluation d'icelles.

Fait et arrêté par le Directoire du District de Vendôme, le Cinq floréal de l'An trois de la République Française.

Signé : POTHÉE, MEREAUX, MARGANNE-RULLIÈRE, LAMBRON, administrateurs ; JUTEAU, procureur-syndic.

Certifié conforme : MORIN,
secrétaire.

A Vendôme, de l'Imprimerie de SOUDRY, Imprimeur-Libraire, place du Commerce, n° 209

Dans le courant de Germinal, an III (mars-avril 1795), les différentes pièces de l'orgue furent démontées et l'estimation en fut faite par le dernier organiste lui-même, le citoyen Moulineuf; la boiserie fut vendue à divers particuliers et la montre (on appelle *montre* les gros tuyaux d'étain qui sont placés sur la façade de l'instrument), qui était en étain, fut envoyée à la fonderie (*abbé Métais*). Nous n'avons pu nous procurer le procès-verbal d'estimation, qui nous eut fixé sur les différentes parties de l'orgue et sur le nombre de ses jeux.

Du libellé de l'affiche ci-copiée, nous pouvons reconstituer par à peu près l'importance que pouvait avoir cet orgue.

Il devait posséder trois claviers à mains, par la désignation faite des jeux d'étain qui, en facture, s'appellent « *jeux d'anches* », se distribuant ainsi :

1o Sur le jeu d'écho;
2o Sur le positif;
3o Sur le grand orgue.

Des deux trompettes, l'une devait parler sur le clavier de *grand orgue* ainsi que le *grand cornet*, ce qui formait les grands chœurs de l'instrument.

Sur le *positif*, on avait placé le *cromorne* et la 2e trompette. Par un accouplement qu'on emploie habituellement, on devait pouvoir réunir, à volonté, les deux claviers du *positif* et du *grand orgue*.

Il nous est difficile de dire de combien de jeux l'orgue se composait parce que sous la rubrique « *fonds du grand orgue* » on englobe, sur l'affiche, tous les tuyaux de bois constituant chaque jeu individuellement; on peut présumer qu'il devait contenir environ 12 à 15 jeux au plus.

Nous ne voyons pas trace d'un clavier de pédales, ce qui nous confirme dans la pensée que l'instrument n'était pas très important.

Pour clore la période ancienne, nous relevons le détail de la cérémonie *sans-culottide*, célébrée dans l'Eglise de la Trinité, le 23 Thermidor, an III, appelée « *Fête du 10 Août 1795* «, en mémoire de la proclamation de la Répi blique et de la chûte du Trône [l'orgue n'y était plus] : « Le cortège se rendit au *Temple de l'Eternel*

(la Trinité) . . . . ;
« un citoyen avait composé un chœur pour la fête du « 10 Août, lequel a été mis en musique par le Citoyen « Hérold, instituteur de musique au Collège National de « Vendôme, qui l'a fait exécuter par le Comité de « musique ». (*Vendôme pendant la Révolution, abbé Métais*, p. 33).

Le grand orgue actuel (1897), placé au-dessus de la troisième arcade du chœur, du côté droit, se compose de 11 jeux, distribués sur un clavier à mains et un pédalier; il ne porte pas de nom de facteur; voici le nom des jeux :

JEUX DE GAUCHE	JEUX DE DROITE
1. Hautbois.	7. Flûte de 8 pieds.
2. Doublette.	8. Nazard.
3. Solicional.	9. Clairon.
4. Trompette.	10. Bourdon de 8 pieds.
5. Gambe.	11. Trompette.
6. Prestant.	

Blois, 1er Avril 1897.

JULES BROSSET,
Organiste de la Cathédrale de Blois.

L'auteur de cette notice nous ayant prié d'ajouter à son travail les noms des organistes qui ont été en fonction depuis le commencement du siècle jusqu'à nos jours, et ce que l'on sait de l'acquisition de l'orgue actuel, nous consignons ici les quelques renseignements que nous avons pu, non sans peine, recueillir à ce sujet.

Depuis le rétablissement du culte en France jusqu'à la fin de l'année 1845, l'église de la Trinité a été privée d'orgue et, pendant de longues années, le chant liturgique fut exécuté par les voix seules des chantres et des enfants de chœur. Lorsqu'on songea à le faire accompagner par des instruments, ce qui n'eut pas lieu avant 1830, les instruments employés furent successivement le serpent, remplacé bientôt par l'ophicléïde, le cornet à pistons, simultanément avec le violoncelle et la contrebasse.

Il en était ainsi lorsque, vers 1840, M. le curé Caille, si connu par son zèle pour tout ce qui contribuait à la pompe du culte dans sa chère église, fit venir de Blois, comme maître de chapelle, un jeune séminariste, excellent musicien, M. Lefèvre. Celui-ci quitta bientôt l'habit ecclésiastique et se fixa à Vendôme où, pendant plusieurs années, il dirigea avec talent la maîtrise qu'il avait organisée.

Ce fut une époque où, sous sa direction, on put entendre à Vendôme de fréquentes exécutions de musique religieuse, avec le concours réuni des artistes et des amateurs de la ville ainsi que des musiques militaires de la garnison, exécutions qui étaient loin de mériter le blâme contenu dans une lettre publiée dans le numéro du *Loir* du 7 avril 1845 par un paroissien aussi gascon que grincheux et dont voici quelques passages :

L'auteur, qui signe P..., se permet d'indiquer aux curés des paroisses le moyen de ramener à la pratique de la religion bon nombre de ceux qui s'en sont éloignés pour un autre motif que le manque de foi, ce moyen c'est de réformer entièrement la musique qui se fait le dimanche dans les deux paroisses. « Il s'est introduit, dit-il, « entr'autres exagérations, dans nos temples, sous des « noms plus ou moins barbares, des instruments de bruit

« qui semblent faits pour en interdire l'entrée à ceux « qui aiment la musique qui contristent les âmes des « fidèles », etc... « Est-il possible, ajoute-t-il, de méditer, « de penser seulement, dans nos églises, quand les éclats « des cornets, les mugissements des trombonnes et les « détonations de SIX ophicléïdes nous font TREMBLER « sur nos chaises et tressaillir douloureusement de la « tête aux pieds ? »

Le numéro suivant du même journal contenait une rectification d'un autre paroissien aux exagérations de cette lettre.

« En bon paroissien, y est-il dit, je dois relever ce « qu'il y a d'inexact et d'outré dans les critiques et les « articulations de M. P... Ainsi je ne vois pas SIX ophi- « cléïdes au lutrin, mais bien UN seul ; je n'y vois pas « de *trombonnes* et au lieu de cet attirail *infernal* d'ins- « truments en cuivre qui, de leurs bruyants éclats, *font* « *trembler* M. P... sur sa chaise, je ne vois qu'une « contrebasse, un clavicor et quelquefois un cornet à « pistons. La totalité du chant est alternée par les enfants « de chœur et les chantres. Puisque les yeux de M. P... « voient d'une si singulière manière, nous sommes, « malgré nous, entraînés à ne pas avoir plus de confiance « dans le témoignage de ses oreilles que dans celui de « ses yeux.... Soyons exacts avant tout.

« Rien n'est beau que le vrai, le vrai seul est aimable » (1).

(1) Les maîtres de chapelle de l'église St-Sulpice, de Paris, dans laquelle le chant liturgique a toujours été exécuté avec une rare perfection, auraient-ils donc eu l'oreille moins délicate que notre

Est-ce la conséquence de la critique de M. P... ou par tout autre motif? Toujours est-il que peu de temps après, la fabrique de la Trinité faisait l'acquisition de l'orgue actuel, provenant d'une église qui s'en défaisait pour le remplacer par un autre plus important.

Nous n'avons pu, à notre grand regret, trouver le moindre renseignement sur le facteur, ni sur le vendeur, pas plus que sur le prix de l'instrument, vu qu'il ne reste aucun registre de la fabrique remontant à cette époque. Ce que nous savons, c'est qu'il devait servir à deux fins, comme grand orgue et comme orgue d'accompagnement, et qu'il fut solennellement inauguré, le 1er février 1846, par Danjou, le premier organiste de Notre-Dame de Paris.

Le marché du Conseil de fabrique semble, ainsi qu'il arrive fréquemment, n'avoir pas été du goût de tout le monde, comme le prouve cet extrait d'un article du *Loir* du 16 janvier 1846, dans lequel le jugement porté sur l'instrument est plutôt optimiste.

« Dimanche dernier, Vendôme a pu juger de l'effet « des orgues que l'on vient d'acheter. Beaucoup louaient, « d'autres blamaient. Les uns disaient : L'église de la « Trinité méritait de plus belles orgues; mieux aurait « valu dépenser un peu plus d'argent et avoir quelque

paroissien P... de la Trinité, car nous avons entendu jusqu'en 1888 le chant de l'hymne et des répons des petits offices qui se chantent avant et après la grand'messe, ainsi que des enterrements, accompagné constamment par un ophicléïde, ce dont personne ne s'est jamais plaint à notre connaissance et il en est très probablement encore de même aujourd'hui, et je ne sache pas que ce formidable son de l'ophicléïde ait jamais réveillé un mort.

« chose de complet; les autres se disaient déjà étourdis « par le bruit, voulaient reléguer l'orgue au bout de « l'église et le trouvaient trop fort pour accompagner « le chœur. M. Danjou a mis tout le monde d'accord; « sous ses mains habiles, l'orgue a été tour à tour doux « et touchant, frémissant et terrible. Le chœur a été « soutenu sans être écrasé, et quand l'orgue a joué seul, « il est impossible de chanter avec plus de suavité et de « goût... Quant à l'instrument, on peut dire aujourd'hui « qu'il a atteint complètement le but désiré. Il a très « bien accompagné le chant, et sa sonorité est très « suffisante pour jouer seul quand on le désire. Notre « cathédrale est enfin dotée d'un instrument qui n'est « pas indigne d'elle. Grâces soient donc rendues à ceux « qui ont mis fin à cette entreprise que tout le monde « désirait et devant laquelle chacun reculait. C'est aujour- « d'hui une chose jugée sans appel, l'entreprise et l'ins- « trument ont parfaitement réussi ».

Il fut, un peu plus tard, question de transporter cet orgue dans une tribune que l'on devait construire au-dessus de la grande porte de l'église; mais ce projet, qui avait déjà reçu un commencement d'exécution, a dû être abandonné devant l'opposition irréductible de l'architecte du monument. C'est alors que l'instrument fut définitivement posé à la place qu'il occupe actuellement. A partir de ce moment, son rôle fut réduit à celui de grand orgue et il fut remplacé par un harmonium pour l'accompagnement du chant religieux.

Le premier organiste de la Trinité a été M. Bouleau, professeur de piano au Collège de Vendôme, qui, après une assez longue absence, reprenait, le 1er février 1846, la direction du chœur en touchant de l'orgue. Le journal le *Loir* nous apprend que le vendredi 31 juillet de la même année, dans une cérémonie funèbre célébrée pour les victimes des Journées de Juillet 1830, une messe de *Requiem* de Mozart fut exécutée, avec accompagnement de l'orgue par les artistes et amateurs vendomois.

Mais la Trinité ne devait pas posséder longtemps l'organiste de talent qu'était M. Bouleau, car on lit dans le même journal que le jour de Noël de la même année l'orgue était tenu par M. Rauch, professeur de piano au Collège, remplaçant M. Bouleau, que nous voyons, le dimanche 22 février suivant, inaugurer un orgue dans l'église de St-Nicolas de Saumur, dont il devenait organiste. Ce M. Rauch a-t-il été organiste de la Trinité ou n'y a-t-il joué qu'accidentellement? On serait porté à le croire, car, peu de temps après, l'orgue était tenu par M. l'abbé Léonard, vicaire de la paroisse. Celui-ci conserva ces fonctions jusqu'en 1856 ou 1857 et eut pour successeur M. Hulman, professeur de piano au Lycée, ainsi qu'il ressort d'un article du *Loir* rendant compte d'une messe de sa composition que fit exécuter ce même abbé Léonard en 1857 et dans laquelle l'orgue était tenu par M. Hulman. Ce dernier garda le poste jusqu'en 1866, époque à laquelle il remplaça, comme organiste à la Madeleine, M. Lemoine, nommé maître de chapelle à la cathédrale d'Orléans.

L'emploi d'organiste de la Trinité fut alors confié à une toute jeune fille, Mlle Haugou, professeur de piano à Vendôme, qui l'a conservé sans interruption jusqu'à ce jour.

Je ne puis, en terminant, résister à la tentation de raconter un emploi des moins respectueux, j'allais dire une profanation, de notre orgue, qui m'a été raconté par un témoin oculaire. Sous le règne, comme organiste, de l'abbé L....., lors d'une réception solennelle de Monseigneur l'Evêque de Blois, on avait installé dans le chœur un massif de verdure dont devait jaillir un jet d'eau et, comme les tuyaux faisaient défaut, on ne trouva rien de mieux *(horresco referens)* que de faire servir à cet usage quelques-uns de ceux de notre malheureux instrument ! !

A. COLAS.

www.ingramcontent.com/pod-product-compliance
Lightning Source LLC
LaVergne TN
LVHW010303230826
846091LV00007BB/2687

9782019214630